Stadt – Land – Abenteuer

Lektüren für Jugendliche
A1

Mein Song gehört mir!

Auf Tour in Hamburg

von Achim Seiffarth

Alles Digitale zu diesem Buch kann auf der Lernplattform **allango** von Ernst Klett Sprachen abgerufen werden. So geht's:

QR-Code scannen oder **www.allango.net** aufrufen | Buchtitel oder ISBN in der Suche eingeben und auf das Buchcover klicken | Zum Inhalt navigieren, direkt abrufen oder speichern

Zu diesem Buch auf allango verfügbar: **Hörbuch, Entdeckertouren.**

Ernst Klett Sprachen
Stuttgart

1. Auflage 2 | 2025

Alle Drucke dieser Auflage sind unverändert und können im Unterricht nebeneinander verwendet werden.
Die letzte Zahl bezeichnet das Jahr des Druckes.
www.klett-sprachen.de

PEFC
Förderung nachhaltiger Waldbewirtschaf
PEFC/04-31-3752
www.pefc.de

Autor: Achim Seiffarth

Redaktion: Claudia Weichselfelder
Reihenkonzept: Benjamin Linhart
Layoutkonzeption: Sabine Kaufmann
Illustrationen: Matthias Pflügner, Berlin
Tonregie und Schnitt: Gunther Pagel, TOP10 Tonstudio, Viernheim
Sprecher: Christian Birko-Flemming
Gestaltung und Satz: DOPPELPUNKT, Stuttgart
Umschlaggestaltung: Sabine Kaufmann
Druck und Bindung: Plump Druck & Medien GmbH, Rheinbreitbach

Printed in Germany
ISBN 978-3-12-674055-5

Inhalt

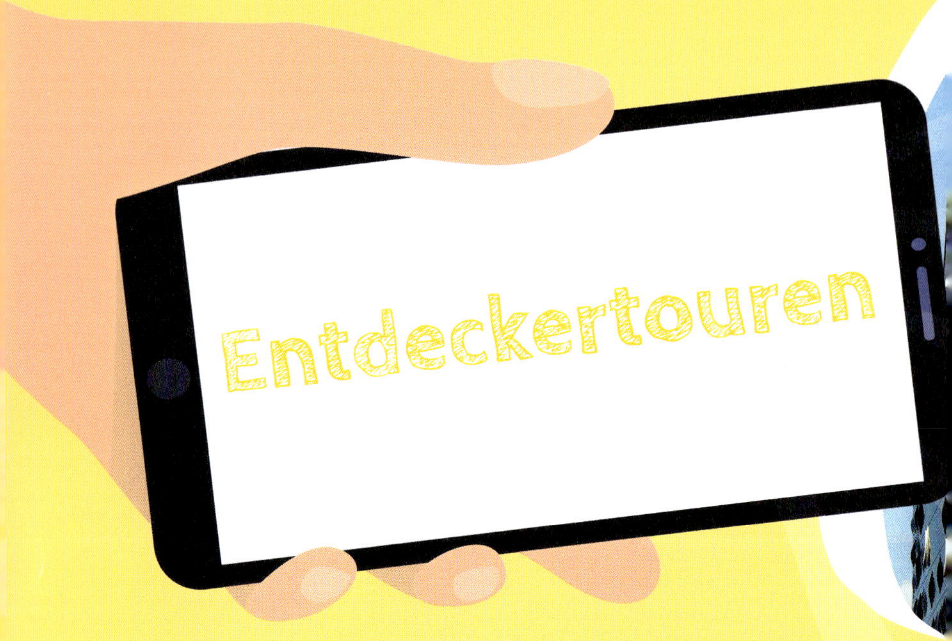

Entdeckertouren

- Mache nach jedem Kapitel eine digitale Entdeckertour.
- Starte die Entdeckertour auf allango (siehe S. 1).
- Lerne an jeder Station die Region besser kennen.
- Kommst du ans Ziel?

TERMINAL
TERMINAL
TERMINAL
HAMBURG
MARITIMES

Hamburg
DEUTSCHLAND
ÖSTERREICH
SCHWEIZ

Hamburg

Land:	Deutschland
Bundesland:	Hamburg
Einwohner und Einwohnerinnen:	1,9 Millionen

Hamburg ...

- ist eine große Stadt in Deutschland. Nur Berlin ist größer.
- ist ein Stadtstaat, also eine Stadt und ein Bundesland.
- liegt an drei Flüssen: an der Elbe, Alster und Bille.
- hat einen sehr großen Hafen[1]. Im Jahr kommen 9000 Schiffe.
- ist eine Medienstadt. Viele Zeitungen und Magazine[2] sind von hier: *Der Spiegel*, *Die Zeit*, *Stern*, *Brigitte* und *Bravo*.
- ist im Fußball groß. In der Bundesliga[3] spielen der *Hamburger Sport-Verein* (HSV) und der *FC St. Pauli*.
- hat viele Parks. 14 Prozent von Hamburg sind grün.
- macht Musik. Johannes Brahms ist in Hamburg geboren. Die *Beatles* waren hier. Viele Bands, Sänger[4] und Sängerinnen leben hier: Udo Lindenberg, die *Tocotronics*, *Nena*, *Fettes Brot* und *Jan Delay*.
- tanzt. Die Hamburger Techno-Clubs[5] kennen viele.

1 **der Hafen**: An diesem Ort am Meer, an einem See oder an einem Fluss halten Schiffe.

2 **das Magazin**: In diesem Heft gibt es viele Artikel. Die kann man lesen.

3 **die Bundesliga**: Da spielen gute Vereine (= Gruppen) in Deutschland Fußball.

4 **der Sänger / die Sängerin**: Diese Person singt (siehe S. 34 und 40).

5 **der Club**: Dort kann man Musik hören und tanzen.

Die Personen

Tom ist 16 und lebt bei seinem Großvater in Blankenese[6]. Er geht manchmal mit seinem Freund Goran ins Kino, aber am liebsten macht er Electro-Musik[7]. Nach dem Abitur will er Komposition[8] studieren.

Goran ist 16 Jahre alt. Er liebt Actionfilme und spielt Schlagzeug[9]. Tom ist sein bester Freund. Beide gehen auf eine Gesamtschule. Seine Eltern kommen aus der Türkei, aber er ist in Hamburg geboren.

6 **Blankenese**: ein Stadtteil von Hamburg

7 **die Electro-Musik**: auch: elektronische Musik; Diese Musik macht man mit dem Computer.

8 **die Komposition**: Musik schreiben

9 **das Schlagzeug**: ein Musikinstrument (siehe S.40)

Kinga ist 15 und geht aufs Gymnasium. In ihrer Freizeit spielt sie Klarinette[10]. Sie kennt Tom von einem Kurs in der Musikschule[11].

Oliwia ist Kingas kleine Schwester. Sie tanzt gern, findet Social Media sehr interessant und postet[12] jeden Tag etwas.

Julia liebt Musik. Sie war Kingas Musiklehrerin am Gymnasium. Jetzt arbeitet sie als Produzentin[13]. Sie hat auch einen Club[14] in Hamburg. Der heißt *Frau Julias*.

[10] **die Klarinette**: ein Musikinstrument (siehe S. 34)
[11] **die Musikschule**: Da kann man ein Instrument lernen.
[12] **posten:** etwas auf Social Media zeigen (z. B. ein Bild oder ein Video)
[13] **der Produzent / die Produzentin**: ein Beruf; macht Musik oder hilft Musikern / Musikerinnen
[14] **der Club**: hier: Haus für Kultur und Musik

Kapitel 1

das Keyboard

die Treppe

die Oper

der Kopfhörer

klopfen

die Tastatur

die Speicherstadt

das Boot

Kopiert[15]!

Endlich ist es ruhig. Tom will Musik machen! Er sitzt am Computer, vor ihm ist die Tastatur, rechts das Keyboard. Er nimmt seine Kopfhörer.
Da macht sein Smartphone *Plingbing*.

Goran
Kino?

Tom
🤔 Was?

Goran
Action! 💥 💥

Tom
Ich weiß nicht.

Goran
Mit vier Superstars[16]!

Tom
Wieder die vier? Wie alt sind die denn jetzt?

Goran
Sie sind immer noch die besten Schauspieler!
19:45 Uhr
Kino in Blankenese

Tom
Ich komme.

[15] **kopieren**: hier: Musik von einer anderen Person nehmen
[16] **der Superstar:** auch: Star; hier: Schauspieler; Viele kennen diese Person.

Goran liebt Actionfilme. Mit ihm macht Kino immer Spaß. Tom nimmt seine Jacke und geht aus dem Haus. Es ist nicht weit, aber er muss über viele Treppen gehen. Rechts und links stehen Häuser. Sie sind klein und alt. Es gibt aber auch Villen[17]. Die sind groß. Dort leben Menschen mit viel Geld. Das ist Blankenese, ein Stadtteil von Hamburg. Die Straßen sind sehr klein und es gibt viele Treppen. Hier wohnen Stars und Modestylisten[18], aber auch noch ein paar Menschen wie Tom und sein Opa.

Nach zehn Minuten steht Tom vor dem Kino. Es sind nicht viele Leute da. Goran kommt. Er hat schon die Karten und das Popcorn[19].

Sie gehen ins Kino. Nach fünf Minuten beginnt die Werbung[20]. Ferien auf dem Schiff mit Hiphop-Musik. Ein Restaurant in Blankenese mit Musik aus der Oper.
„Mhmm … Pizza!", lacht Tom.
Jetzt sehen sie ein Boot. *Bootswerkstatt*[21] *Runkel.*
Sie hören Musik. Die ist sehr modern. Es ist Electro-Musik.
„Cool!", sagt Goran. „Die Musik!"

[17] **die Villa**: Dieses Haus ist sehr groß und schön.
[18] **der Modestylist / die Modestylistin:** Designer / Designerin; ein Beruf; macht Kleidung
[19] **das Popcorn**: Das isst man im Kino.
[20] **die Werbung**: hier: Das ist ein kurzer Film über eine Firma, ein Geschäft oder Restaurant und er will zeigen: etwas ist toll, du brauchst das.
[21] **die Werkstatt**: Da repariert man etwas (z. B. Autos; hier: Boote).

„Tüt-tüt-tüt-klirr-klirr-kracks-kracks-klingeling-kling-gling …"
Tom sieht zu Goran.
Goran sieht zu Tom. „Nicht cool?"
„Die ist von mir!", sagt Tom.
„Was?"
„Die *Musik* ist von mir. Das ist *meine* Musik!"
„Cool!"
„Nein. Das ist nicht cool! Meine Musik! Niemand hat meine Musik *gekauft*. Jemand hat meine Musik *kopiert*!"
„Wie das denn?"
„Das weiß ich auch nicht!"
Goran sagt nichts mehr.

Tom steht auf. „Ich gehe!"
„Ach, Tom! Der Film!" Goran will lieber bleiben.
„Meine Musik!"
Tom geht aus dem Kino. Goran kommt mit.
„Zwei Kinokarten für nichts … Tom!"

„Ja, … Wir kommen morgen wieder und ich bezahle."
„Gut, aber was machen wir jetzt?"
„Wir fahren zu der Bootswerkstatt!"
„Aber es ist schon spät. Es ist acht Uhr!"
„Jemand kopiert meine Musik. Wer ist das? Ich will das wissen! Jetzt!"
Tom sieht auf sein Smartphone und liest: *„Bootswerkstatt Runkel* in Wedel[22], Stettinstraße …"
Da sagt Goran: „Na gut, bis Wedel ist es ja nicht weit."

Sie gehen zum Bahnhof und nehmen die S-Bahn. Nach 15 Minuten sind sie in Wedel.
„Schön ruhig ist es hier." Goran lacht. Es ist halb neun und niemand ist mehr auf der Straße. „Hier ist Hamburg zu Ende!"
Tom sagt nichts.

20 Minuten gehen sie zu Fuß. Dann sehen sie die Elbe[23].
„Stettinstraße!", sagt Tom dann.
In der Bootswerkstatt arbeitet jemand.
Tom und Goran klopfen.
Nichts. Sie klopfen noch einmal.
„Ich habe keine Zeit! Nicht morgen und nicht heute!", antwortet ein Mann aus der Werkstatt.
„Dann gehe ich zur Polizei[24]!", ruft[25] Tom.
Nach einer Minute macht ein Mann die Tür auf. Er ist groß und blond. Er sieht nicht freundlich aus.

[22] **Wedel**: Stadt bei Hamburg
[23] **die Elbe**: Fluss in Hamburg
[24] **die Polizei**: macht das Leben in der Stadt sicher
[25] **rufen:** etwas sehr laut (= nicht ruhig) sagen

„Was wollt ihr?"
„Ihre Werbung im Kino!", sagt Tom.
„Was ist mit der Werbung?"
„Für die Werbung haben Sie meine Musik kopiert!"
„Ich? Was?" Jetzt lacht der Mann. „Ich kenne nur Werkstatt-Musik, min Jung[26]!"
„Aber … die Werbung?", will Tom wissen.
„Die hat eine Agentur[27] für mich gemacht. Ich habe nur bezahlt. Das ist alles. Du musst die Leute von der Agentur fragen! Moment …"
Der Mann geht in die Werkstatt zurück, aber er kommt schnell wieder.
„Hier!" Er gibt Tom eine Visitenkarte[28] mit einem Logo und einer Adresse. „Tschüss!" Und schon macht der Mann die Tür zu.

„Eine Agentur?", fragt Goran.
„Ja. Hier steht: *BestSpot*, Am Sandtorkai …".
„Am Sandtorkai? Die Straße ist in der Speicherstadt!"
„Ich fahre morgen zu dieser Agentur", erklärt Tom und fragt dann: „Kommst du mit?"
„Na klar. Wir haben ja Osterferien. Da können wir ein bisschen durch Hamburg fahren. Wie die Touris[29]!"
Tom muss lachen. In der Stadt gibt es immer viele Leute.

[26] **„min Jung"** *(norddeutsch)*: „mein Junge"
[27] **die Agentur:** Diese Firma macht oder sucht etwas für ihre Kunden / Kundinnen.
[28] **die Visitenkarte**: Karte mit der Adresse von einer Person oder Firma
[29] **die (Pl.) Touris:** kurz für: Touristen und Touristinnen

Du bist dran!

A Welches Wort passt? Ergänze die Sätze.

Musik ◆ Bahnhof ◆ Adresse ◆ Agentur ◆ Kino

1. Tom und Goran gehen gern ins ________.
2. Die ________ in der Werbung ist von Tom.
3. Tom findet die ________ im Internet.
4. Die Jungen nehmen am ________ die S-Bahn nach Wedel.
5. Die Werbung hat eine ________ gemacht.

B Wo ist das? Verbinde.

1. Tom und Goran wohnen in …
2. Die Bootswerkstatt ist in …
3. Viele Stars leben in …
4. Die Agentur ist in der …

◆ Speicherstadt

◆ Blankenese

◆ Wedel

C Suche die acht Wörter. Schreibe sie mit Artikel.

FARBELBERAVISITENKARTEMUSIVILLAKAHIHHFORDUE
RWERBUNGUNTRAWERKSTATTENSIKASCHAUSPIELERROJ
LSBOOTNÖPGERTANCPDKOPFHÖRERTLSRJFXLEMNOKIÜ

Lösungen: **A:** 1. Kino; 2. Musik; 3. Adresse; 4. Bahnhof; 5. Agentur; **B:** 1. Blankenese; 2. Wedel; 3. Blankenese; 4. Speicherstadt; **C:** die Elbe; die Visitenkarte; die Villa; die Werbung; die Werkstatt; der Schauspieler; das Boot; der Kopfhörer

Entdeckertour: Musik aus dem Norden

das Metall

das Segelschiff

die Elbphilharmonie („Elphi“)

Kapitel 2

das Portemonnaie

das Kreuzfahrtschiff

der Sand

das Containerschiff

der Aufzug

2

In der HafenCity

2

Am nächsten Tag nehmen Tom und Goran um 10 Uhr die S-Bahn nach Poppenbüttel[30].
Am Bahnhof *Landungsbrücken* steigen[31] sie in die U-Bahn um. Sie fahren weiter und sehen aus dem Fenster. Da ist der Hafen: Fähren[32], ein Segelschiff, Containerschiffe, Kreuzfahrtschiffe.
„Da ist sie!", sagt Tom nach drei Minuten laut.
„Ja, da ist die Elphi." Goran findet das nicht so interessant. Kurz vor dem U-Bahnhof *Baumwall* können sie die Elbphilharmonie noch besser sehen.
„Electro-Musik spielt man da aber nicht", sagt Goran.
„Doch!"
„Aber *deine* Musik spielt man dort nicht!"
„Noch nicht!", sagt Tom und Goran lacht.

Die zwei steigen aus und gehen zu Fuß weiter.
„Die ‚historische[33] Speicherstadt' sieht aber nicht sehr historisch aus", findet Goran. „Ich sehe viel Glas und Metall hier! Alles ist neu!"
„Das ist die HafenCity", erklärt Tom. „Die Speicherhäuser[34] sind schon alt, aber man hat sie neu gemacht. Und ein paar Häuser sind wirklich ganz neu, sehr groß und sehr modern."

[30] **Poppenbüttel**: ein Stadtteil von Hamburg
[31] **umsteigen:** aus einer Bahn aussteigen und in die nächste Bahn einsteigen
[32] **die Fähre**: Dieses große Schiff ist auch für Autos.
[33] **historisch**: alt
[34] **das Speicherhaus**: Früher hat man in dieses Haus (siehe S.10) Waren (z.B. Kaffee, Tee) gelegt. Die kamen aus anderen Ländern mit dem Schiff.

Tom und Goran sind schon da.
Rechts an der Tür stehen viele Namen.
„Hier! *BestSpot.* Die Agentur ist im vierten Stock[35]."
Sie nehmen den Aufzug. Der ist aus Glas. Von dort sehen sie den Hafen.
„Die Leute hier machen viel Geld!", glaubt Goran.
„Mit meiner Musik!", antwortet Tom.

„Willkommen bei *BestSpot*!", sagt ein Mann freundlich. Er ist noch jung.
„Moin[36]!", sagt Tom.
„Guten Tag! Was darf ich für Sie tun?"
„Die Frage ist: Was dürfen Sie *nicht* tun?", antwortet Tom.
„Sie haben meine Musik kopiert!"
„Ach?", sagt der Mann.

[35] **der Stock**: hier: Etage in einem Haus
[36] **„Moin"** *(norddeutsch)*: „Guten Tag"

„Die Werbung für die *Bootswerkstatt Runkel* …"
„*Bootswerkstatt* … *Runkel*? So etwas machen wir doch nicht!" Der Mann lacht ein wenig.
Tom legt die Visitenkarte von *BestSpot* auf den Tisch.
„Diese Karte habe ich da bekommen. Bei *Runkel* in Wedel."

Dann nimmt der Mann das Telefon.
„Hi. Hier stehen zwei junge Männer und sie sagen: Wir haben ihre Musik kopiert. In einer Werbung für …"
Er fragt: „Wie heißt die Werkstatt?"
„*Bootswerkstatt Runkel*!", sagt Tom.
„Gut", sagt der Mann dann. „Das Büro[37] vom Chef ist im fünften Stock."

Tom und Goran nehmen die Treppe.
Schon stehen sie vor der Tür.
„Ja, hallo!" Im Büro sitzt ein Mann. Er ist vielleicht vierzig Jahre alt. „Also … Was ist mit der Musik?"
Tom erklärt es ihm.
„Sorry, so etwas … Also … Die Minispots[38] macht unsere Praktikantin. Vielleicht hat sie …"
Er spricht nicht weiter. Er nimmt sein Portemonnaie und gibt Tom hundert Euro. „O. k.?"
Tom nimmt das Geld. „Ja, aber … Kann ich mit der Praktikantin sprechen?"
„Sie sitzt im zweiten Büro links."
„Danke."

[37] **das Büro**: In diesem Zimmer sitzen Leute an Tischen und arbeiten am Computer.
[38] **der Minispot**: Dieser Film mit Werbung (= Spot) ist sehr kurz (= mini).

Tom und Goran gehen ins nächste Büro. Die Tür ist offen. Da sitzt eine Frau am Computer. Sie ist noch sehr jung.
„Pia!", sagt Tom dann. „Hallo!"
„Tom! Du hier?" Sie lacht.
„Häh?" Goran versteht nicht.
„Sorry, Goran … Das ist Pia. Sie ist eine Freundin aus der Musikschule in Blankenese. Und Pia: Das ist Goran, ein Freund von mir."
„Freut mich", sagt Pia.

Dann fragt sie: „Arbeitet ihr jetzt auch hier?"
„Noch nicht", antwortet Tom. „Ich habe eine Frage: Ist die Werbung für die *Bootswerkstatt Runkel* in Wedel von dir?"
Pia antwortet: „Hm. *Runkel*? Nein … Doch, ja! Das war ein Minispot … Ich muss manchmal fünf oder sechs Minispots am Tag machen. Drei Fotos mit Musik, ein paar Wörter und fertig."

„Aha. Und von wo bekommst du die Musik?"
„Die muss ich suchen. Die beste Musik ist Klassik[39], die kostet nichts. Aber … naja …"
„Was ‚naja'?", fragt Tom.
„O. k.", sagt Pia dann. „Manchmal nehme ich Musik aus dem Internet … Es geht nicht anders."
„Also hast du meine Musik von einem Posting[40] im Internet?"
„Ach, ich habe *deine* Musik kopiert? Ja, sorry …"

Pia nimmt ihr Handy und sucht etwas.
„Ist das diese Musik?", fragt sie dann.
Aus dem Telefon kommt: *„Tüt-tüt-tüt-klirr-klirr-kracks-kracks-klingeling-kling-gling …"*
Tom nimmt das Telefon. Er sieht das Video noch einmal. Man sieht nur den Fuß von einem Mädchen. Der Fuß tanzt auf Sand.
„Das Posting ist von *Shinynose*!", sagt Tom.
„Shiny-nose … Das ist der Name *Blanke-nese*[41] auf Englisch!", weiß Pia.

„Ich kenne *Shinynose*!", sagt Tom jetzt. Und dann: „Komm, Goran!"
„Man sieht sich", sagt Goran noch zu Pia.
Dann gehen sie.

[39] **die Klassik**: hier: Musik (z. B. von Bach, Mozart, Beethoven oder Schumann)
[40] **das Posting:** ein Text, Foto oder Video auf Social Media
[41] **Blankenese**: Der Name von dem Stadtteil ist schon alt. In dem Namen sind zwei Wörter: blank = glänzend (shiny) + Nese = Nase (nose).

Du bist dran!

A Was ist richtig (✓), was ist falsch (×)? Kreuze an.

	✓	×
1. Die Praktikantin gibt Tom hundert Euro.	☐	☐
2. Goran kennt Pia von der Musikschule.	☐	☐
3. Pia muss jeden Tag einen Minispot machen.	☐	☐
4. Sie hat die Musik von Tom kopiert.	☐	☐
5. Tom kennt *Shinynose*.	☐	☐

B Löse das Rätsel und finde das Lösungswort.

1. Tom und Goran sehen am Hafen viele Schiffe. Es gibt dort ______ und Fähren.
2. Mit einem ______ fährt man im Urlaub von Hafen zu Hafen.
3. ______schiffe bringen Waren (z. B. Lebensmittel, Autos, Kleider) über das Meer.
4. Die Jugendlichen fahren mit einem ______ aus Glas in den vierten Stock.
5. Der Chef von *BestSpot* arbeitet in einem ______.
6. Sein Geld hat er in einem ______.
7. Die Minispots macht eine ______.
8. Pia nimmt manchmal ______ aus dem Internet.
9. Sie sucht etwas in ihrem ______.
10. Sie zeigt Tom ein ______ auf Social Media.

Lösungswort: ______

Lösungen: **A:** ✓ 4, 5; × 1, 2, 3; **B:** 1. Segelschiffe; 2. Kreuzfahrtschiff; 3. Container; 4. Aufzug; 5. Büro; 6. Portemonnaie; 7. Praktikantin; 8. Musik; 9. Telefon; 10. Posting;
Lösungswort: Blankenese

2

Entdeckertour: Die Elbphilharmonie

Kapitel 3

der DJ / die DJane

scrollen

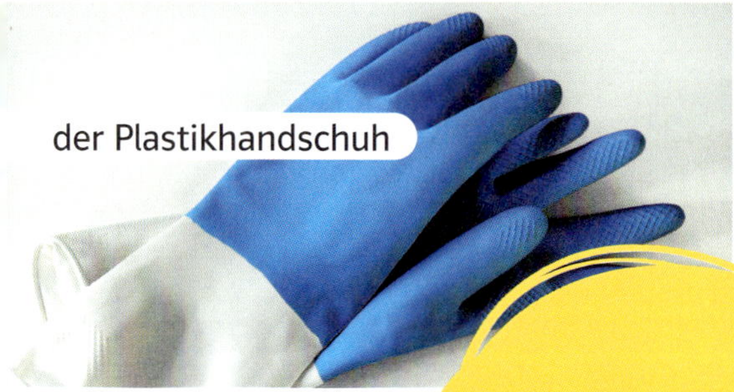
der Plastikhandschuh

der Sack

die Nase

die Palme

der Chauffeur / die Chauffeurin

der Müll

3

Shinynose

Tom und Goran nehmen die S-Bahn nach Blankenese.
Tom sieht auf sein Smartphone.
„Hier. Das ist sie! *Shinynose*!“
Goran sieht auf das Telefon. Auf dem Foto ist eine Nase.
Tom schreibt etwas.
Dann lacht er. „Ich habe Geld für meine Musik bekommen!“
„Ja! Das ist cool.“
Plingbing. Tom sieht auf sein Telefon. „Wir müssen aussteigen!“
„Hier?“
„Ja. *Shinynose* wartet im Antonipark!“

Bald stehen Tom und Goran im Park. Sie sehen Palmen. Die sind groß und aus Metall.
„Wo ist denn …?“, fragt Goran.
Und Tom ruft: „Da! Hallo Kinga!“
Kinga trägt Plastikhandschuhe und hat einen Sack vor sich.
„Tom! Wir haben uns lange nicht gesehen!“
„Du hast recht“, antwortet Tom.
Und Goran sagt: „Hi! Ich bin Goran. Was machst du hier?“
„Ich räume auf. So ein Park ist ja schön und gut. Aber alle lassen ihren Müll hier. Wir haben in der Schule eine Gruppe[42]. Wir wollen etwas für die Stadt tun.“
„Cool. Und sieh mal, Goran, der Club da. Da sind die besten DJs!“, sagt Tom.

[42] **die Gruppe**: Ein paar Menschen machen zusammen etwas (hier: im Park aufräumen).

„Und DJanes!", sagt Kinga und fragt dann: „Sollen wir mal zusammen in den Club gehen?"
„Das dürfen wir doch nicht. Wir sind noch nicht 18. Ich habe auch erst einmal ein ganz anderes Problem, Kinga. Ich habe dir doch manchmal Musik von mir geschickt …"
Sie lacht. „Ja. Das war cool! Aber dann hast du nichts mehr geschickt …"
„Unser Kurs an der Musikschule war zu Ende. Wir haben uns nicht mehr gesehen … Ja, und jetzt hat jemand ein Lied[43] von mir auf Social Media gepostet. Und eine Agentur hat die Musik kopiert."

Jetzt lacht Kinga nicht mehr.
„Du denkst: *Ich* …?"
„Es ist *dein* Account, Kinga. *Shinynose*."

[43] **das Lied**: *englisch:* song; ein Stück Musik

„Aber ich poste schon lange nichts mehr! Ich habe keine Zeit mehr für Social Media. Tom, wirklich. Was denkst du von mir?"

„Aber wie kannst du das dann erklären?"

„Hm …"

Kinga nimmt ihr Telefon und schreibt eine Nachricht. Dann wartet sie. Die Antwort kommt sofort.

„O. k. … Ich habe eine Idee … Wir fahren erst einmal zu mir nach Hause!"

Sie nehmen die S-Bahn und steigen am Bahnhof *Blankenese* aus.

Es geht zu Fuß in die Straße *Wilmans Park*. Vor einem Tor[44] bleiben sie stehen.

„Hier wohnst du?", fragt Goran. „Wow … Das ist ja eine Villa!"

„Ja", antwortet Kinga. Sie schreibt etwas auf ihrem Telefon. *Klack!* Jetzt ist die Tür offen. Sie gehen ins Haus.

„Das ist wie eine Villa von den Römern[45]!", ruft Tom.

Goran sagt nichts mehr.

Sie gehen in die Wohnung im Erdgeschoss[46].

„Im ersten Stock wohnt Kurt Klagerbellt. Er ist Architekt. Er baut Häuser für Superstars", erklärt Kinga. „Hier wohnen wir. Meine Mutter ist die Gärtnerin[47], mein Vater der Chauffeur."

„Ach so!", lacht Goran.

[44] **das Tor**: sehr große Tür

[45] **der Römer / die Römerin**: hier: Person aus Rom (Italien) vor vielen Jahren

[46] **das Erdgeschoss:** Etage in einem Haus, unter dem ersten Stock

[47] **der Gärtner / die Gärtnerin**: Beruf; Diese Person arbeitet im Garten.

Sie gehen in die Küche.
„Ich suche meine Schwester …", sagt Kinga.
Dann ruft sie: „Oliwia!"

Ein Mädchen kommt in die Küche. Sie ist vielleicht elf oder zwölf.
„Gibst du mir bitte einmal dein Smartphone?", fragt Kinga.
Oliwia wird rot. „Warum denn?"
„Das war einmal mein Telefon. Ich habe es ihr geschenkt", erklärt Kinga den zwei Jungen.
„Warum gibst du es mir nicht?", fragt Kinga dann ihre Schwester. „Ich will nur mal sehen …"
Oliwia gibt ihr das Handy. Kinga scrollt.

„Dumm! Das war dumm von mir!", sagt Kinga dann.
„Was?", fragt Goran.
„Ich habe meine Musik … äh, auch deine Musik, Tom, … und meinen Account nicht gelöscht[48]. Oliwia …"
„Ja, …", sagt Oliwia dann, „ich habe auf deinem Account gepostet. Warum denn nicht? Du brauchst ihn ja nicht mehr! Und deine 321 Followers[49] auch nicht!"

„Hier!" Kinga gibt Tom das Telefon.
Er scrollt. Dann kommt ein Video: *„Tüt-tüt-tüt-klirr-klirr-kracks-kracks-klingeling-kling-gling …"*
Alle drei sehen zu Oliwia.

[48] **löschen**: wegmachen; hier: Dann gibt es die Musik auf dem Handy und den Account nicht mehr.
[49] **der Follower / die Followerin:** Diese Person liest oft die Postings von jemandem auf Social Media.

„Ja, … ich nehme manchmal Musik von deinem Handy für meine Postings, Kinga! Sorry! Ich tue das nicht wieder!"
Tom lacht. „O. k., jetzt wissen wir mehr!"
„Bist du nicht sauer[50]?", fragt Kinga.
Oliwia sieht Tom unsicher an und fragt dann: „War das deine Musik? Entschuldigung!"

„Ja ja, schon gut! So habe ich etwas gelernt!", antwortet Tom.
„Gelernt?", fragen Kinga und Goran.
„Ja!" Er nimmt die hundert Euro aus seinem Portemonnaie.
„Ich kann mit meiner Musik Geld verdienen!"
Er legt[51] das Geld auf den Tisch und lacht.
„Ich habe Hunger. Ihr auch? Pizza für alle? Ihr bestellt[52]! Ich bezahle!"

[50] **sauer:** nicht froh, böse
[51] **legen**: hier: Dann ist das Geld auf dem Tisch.
[52] **bestellen**: hier: Man ruft im Restaurant an. Die Pizza kommt dann nach Hause.

Du bist dran!

A Wer macht was? Ergänze die Sätze.

→ Tipp: Zwei Namen passen nicht.

Pia • Goran • Tom • Kinga • Oliwia • Kurt

1. ________ räumt im Park auf.
2. ________ sagt nichts mehr.
3. ________ wird rot.
4. ________ freut sich über das Geld.

B Was passiert zuerst? Ordne die Sätze 1–8.

_____ Pia sucht im Internet Musik. Sie sieht das Posting von *Shinynose*.

__8__ Tom und Goran sehen im Kino Werbung.

_____ Das Handy schenkt Kinga später ihrer Schwester.

_____ Kinga löscht Toms Musik auf ihrem alten Handy nicht.

__1__ Tom macht Electro-Musik am Computer.

_____ Seine Musik schickt er Kinga.

_____ Oliwia postet ein Video mit Electro-Musik auf Social Media.

_____ Mit der Musik vom Posting macht Pia einen Minispot.

Lösungen: **A:** 1. Kinga; 2. Goran; 3. Oliwia; 4. Tom; **B:** 6; 8; 4; 3; 1; 2; 5; 7

Entdeckertour: Der Hamburger Hafen

Kapitel 4

singen
die Klarinette
der Bass
die Box
der Pizzakarton
die Trommel
PIZZA
der Gurami
die Dose

In der Villa

4

Alle vier sitzen in der Küche vor ihren Pizzakartons.
„Danke für die Pizza!", sagt Oliwia.
„Pzzktz!", antwortet Tom.
„Was?"
Kinga lacht und macht dann weiter: *„Pzzktz! Tsch! Tsch!"*
Jetzt versteht auch Oliwia. Das ist Beatbox, Musik ohne Instrumente[53].
„Moment!", sagt sie. „Darf ich ein Video machen?"
„Aber man darf uns auf dem Video nicht ganz sehen!", antwortet Goran.
„Na klar!"
Schon nimmt Oliwia das Handy und beginnt mit dem Video.

[53] **das Instrument**: hier: Mit einem Instrument macht man Musik (z.B. Klavier, Trommel, Klarinette).

„Pzzktz! Pzzktz! Pzzktz!“, fängt Kinga jetzt wieder an.
Auch Tom und Goran machen mit: *„Tz! Tz! Tz! Zhhh! T! T! T! Tsch! Tsch! Tsch! Psch! Psch! K! K! Kch! K! Kch! Mmmm!“*
Wie Trommeln und Bass. Sie machen Musik, Oliwia tanzt.
„Pf! Pf! Pfgpfpf! Pzzktz!“

Dann räumen die vier die Küche auf.
„Könnt ihr noch bleiben?“, fragt Kinga.
„Klar. Wir haben doch Ferien!“, sagt Goran.
„Dann gehen wir in mein Zimmer!“
„Ich gehe dann wieder …“, sagt Oliwia. „Vielen Dank für alles!“
Dann sieht sie noch einmal auf ihr Smartphone und sagt: „217 Views, 53 Likes! In zwei Minuten!“ Und schon läuft sie aus dem Zimmer.

Die drei Jugendlichen gehen in Kingas Zimmer.
„Wow! Du hast auch eine Trommel!“, sagt Goran. „Darf ich?“
Er spielt einen schnellen Rhythmus[54]. Kinga nimmt die Klarinette.
„Tom, dürfen wir auch was von dir hören?“, fragt Kinga dann.
„Ist der Computer an?“
„Ja.“ Zwei Boxen stehen im Zimmer.
„Wie findet das der Herr aus dem ersten Stock?“, fragt Goran.
„Der ist nicht da. Er ist nur am Wochenende zu Hause.“
„O. k., ich hab's“, sagt Tom dann.
„Bumm bumm.“ Teller gehen kaputt: *„Klirr!“* Dann ein „Grrr grrr …“, immer wieder.

[54] **der Rhythmus**: wie Musik ist (z. B. schnell oder langsam)

Goran und Kinga sehen zu Tom.
„Das ist ein Gurami[55]“, erklärt er. „Ein Fisch.“
„Hamburger Musik, wie? Hier singen die Fische!“, sagt Kinga.
„Ja, erst singen sie, aber dann …“ Tom spielt noch mehr Musik.
Sie hören: *„Rumms, Knall, bumm bumm bumm …“*
„Was …?“, will Goran fragen.
„Das ist aus einer Dosenfabrik[56]. Hier kommt der Fisch in die Dosen.“
Die Musik geht weiter. Ein Mann singt: *„Frischer Fisch. Eingedost[57]!“*
Kinga und Goran lachen.

„Mit so einer Musik kannst du wirklich Geld verdienen!“, glaubt Kinga.
„Aber wie und wo? Bei der Agentur vielleicht?“, fragt Tom.
„Nein. Ich kenne eine Produzentin!“
„Du kennst eine Produzentin?“, fragt Goran.
„Ja. Sie war meine Musiklehrerin am Gymnasium. Jetzt hat sie einen Club in Altona[58] und sie produziert auch Musik. Wir sind noch in Kontakt. Ich schreibe ihr.“

Die Antwort kommt schnell.
„Sie schreibt: Wir sollen sie in ihrem Club in Altona besuchen. *Frau Julias* – so heißt der Club. Also los, oder?“

[55] **der Gurami**: Fisch aus Südostasien; Der Fisch kann singen. Das kann man im Wasser hören.
[56] **die Fabrik:** Da machen Maschinen Dinge (hier: Dosen).
[57] **eindosen:** *(umgangssprachlich)* etwas (hier: Fisch) in die Dose tun
[58] **Altona**: ein Stadtteil von Hamburg

Du bist dran!

A Was ist was? Ordne zu.

der Bass · das Keyboard · der Kopfhörer · die Trommel · die Klarinette · die Box

1. ______________

2. ______________

3. ______________

4. ______________

5. ______________

6. ______________

B Was passt nicht? Streiche in jeder Reihe ein Wort durch.

1. Hiphop – Klassik – Electro – Konzert
2. Oper – Klarinette – Schlagzeug – Trommel
3. Blankenese – HafenCity – Speicherhaus – Altona
4. Antonipark – Kino – Speicherstadt – Elbphilharmonie

Lösungen: **A:** 1. die Klarinette; 2. die Box; 3. der Kopfhörer; 4. das Keyboard; 5. die Trommel; 6. der Bass; **B:** 1. Konzert; 2. Oper; 3. Speicherhaus; 4. Kino

Entdeckertour: Frischer Fisch

Kapitel 5

die Bombe
der Sänger / die Sängerin
das Konzert
springen
die Münze
das Publikum
das Schlagzeug
das Plakat

5

Junge Musik

5

Kinga, Goran und Tom fahren mit der S-Bahn bis zum Bahnhof in Altona. Dann gehen sie zu Fuß weiter.
„Wie weit ist es noch?", fragt Goran.
„30 Minuten vielleicht", antwortet Kinga.

Die Straße ist groß. Rechts und links sind viele Häuser mit Büros. Sie sind sehr modern.
„Hier sieht es etwas langweilig aus, oder?", fragt Tom.
„Hier hat man nach 1945 alles neu gemacht", weiß Kinga.
„Im Krieg[59] sind hier Bomben gefallen[60]", erklärt Goran.

Nach 20 Minuten hören sie Musik.
„*Tunz! Tunz! Tunz!* Tanzmusik[61]!", ruft Tom.
Sie gehen weiter. Die Musik ist laut! Kinga, Tom und Goran tanzen jetzt schon.
„Da sind die Clubs!", ruft jetzt Goran.
Die Häuser sind klein und haben viele Farben.
„Und da ist *Frau Julias*!", sagt Kinga.

An der Tür erklärt Kinga: „Ich bin eine Freundin von Julia. Sie wartet auf uns."
„O. k.", sagt der große Mann und lässt sie in den Club. Aber wo ist Julia? Hier sind so viele Leute! Die Musik ist laut.
„Julia!", ruft Kinga dann. Sie muss dreimal rufen.
Und dann ruft Julia endlich: „Kinga! Da bist du ja!"

[59] **der Krieg**: hier: Zweiter Weltkrieg (1939-1945)
[60] **fallen**: hier: Bomben machen die Stadt kaputt.
[61] **die Tanzmusik**: Zu dieser Musik kann man gut tanzen.

Sie gehen in Julias Büro. Da ist es nicht so laut und man kann besser sprechen.
„Endlich sehen wir uns mal wieder!", sagt Kinga. „Julia, das sind Tom und Goran. Sie machen auch Musik! Goran spielt Trommel …"
„Ich spiele *Schlagzeug*!", sagt Goran.
„… und Tom macht Electro-Musik", sagt Kinga weiter.
„Ach …", sagt Julia. „Was denn?"
„Dance. Trash. Noise."
„Auch *Dance* mit *Noise*?" Julia lacht.
„Industrial! Klar! Auch *Post Industrial*", lacht auch Tom.
„Willst du hier etwas spielen?"
„Gern!", sagt Tom schnell.
„Dann komm!"

Tom geht mit Julia wieder in den Club. Goran und Kinga gehen mit.
„Hören wir gleich Toms Musik hier?", fragt Goran.

„Ja, jetzt!“, ruft Kinga.

Sie hören die Musik aus der Dosenfabrik. *„Frischer Fisch. Eingedost!“*

„Juhu!“ Goran und Kinga freuen sich und springen zur Musik. Sie sehen die Leute lachen. Kinga und Goran lachen auch. Die Leute tanzen. Das Lied gefällt ihnen.

Dann gehen die vier wieder ins Büro zurück.

„Julia will ein paar Lieder von mir!“, sagt Tom.

„Ja, aber Tom kann sie leider noch nicht als DJ hier spielen. Er ist ja erst 16“, erklärt Julia.

„So ist es immer“, sagt Kinga. „Wir dürfen nichts! Und ich bin erst 15! Ich möchte vor Leuten Klarinette spielen. Viele Clubs öffnen aber erst spät am Abend … Wir können eine Band gründen[62], aber wir müssen schon am Abend zu Hause sein. Mit 15 darf man nichts!“

[62] **gründen:** neu mit etwas beginnen (z. B. mit einer Firma; hier: mit einer Musikgruppe)

Julia antwortet: „Das ist schon richtig, Kinga. Aber ich habe da eine Idee. Ich will eine Gruppe für junge Musiker[63] und Musikerinnen, Sänger und Sängerinnen gründen. Wir können uns schon am Nachmittag treffen, Musik machen …"

„… Konzerte geben!", sagt Goran.

„Ja, aber nicht erst um 21 oder 22 Uhr. Wir treffen uns einfach schon um 18 Uhr!"

„Und wo?", fragt Kinga.

„In meinem Club hier! Da ist so früh niemand!", erklärt Julia.

„Und das Publikum?", fragt Goran.

„Ich kann 15 oder 20 Schüler und Schülerinnen von meiner Gruppe in der Schule mitbringen", sagt Kinga.

„Welche Gruppe?", möchte Tom wissen.

„Die mit den Parks und dem Müll. *Pro iuventute Altonae*!"

„*Pro* was?", fragt Goran.

Tom erklärt es ihm: „Das heißt: *Für die Altonaer Jugend*[64]. Kinga geht aufs Gymnasium und lernt Latein[65]. Anders als wir Schnarchnasen[66]." Er lacht.

„Ja, ja …" Kinga will so etwas nicht hören. Sie ist die beste Schülerin in der Klasse. Sie lernt einfach gern.

„Wir können auch Plakate machen und in der Schule oder Musikschule einladen", sagt Kinga dann.

[63] **der Musiker / die Musikerin**: Diese Person macht Musik.
[64] **die Jugend**: hier: Jugendliche aus Altona
[65] **Latein**: eine alte Sprache
[66] **die Schnarchnase:** *(umgangssprachlich)* jemand ist langsam; hier: Diese Person geht nicht aufs Gymnasium und lernt kein Latein.

„Richtig! Aber wir brauchen Geld für so etwas. Nicht viel, aber wir können nicht alles allein bezahlen", sagt Julia. „Ich will morgen ins Rathaus. Die haben das Geld. Kommt ihr mit? Ihr könnt vielleicht ein bisschen Musik machen! Als Werbung für unser Projekt."
„Ich habe da ein Lied. Da fallen[67] Münzen auf Gläser ...", sagt Tom.
„Lieber die Klarinette", lacht Julia. „Die Leute im Rathaus sind vielleicht nicht so modern."
Kinga findet die Idee gut: „Klar, ich bringe meine Klarinette mit."

Und dann sagt Goran: „Wir brauchen aber noch einen Namen für unsere Gruppe."
Kinga antwortet: „Du hast recht! Unsere Gruppe kann *Unser Hamburg* heißen."
Tom hat eine andere Idee: „*Junge Musik aus Hamburg*. Das gefällt den Leuten im Rathaus sicher!"
„Nein! *Wir. Jung. Hamburg.*", sagt Kinga jetzt.
Goran findet „*Hamburg lebt*" besser oder „*Wir leben! Musik lebt*!".
„Vielleicht nehmen wir einen englischen Namen!", sagt Julia.
„Oder etwas mit *Electro*!", will Tom.

Sie sprechen noch lange an diesem Abend. Mit dem Namen sind sie sich noch nicht sicher. Aber das Projekt wird mega[68] – so viel ist klar.

[67] **fallen**: etwas geht schnell nach unten
[68] **mega**: sehr gut, toll

Du bist dran!

A Mit was macht Tom Electro-Musik? Kreuze an.

- [ ] Autos
- [ ] Klarinetten
- [ ] Dosen
- [ ] Münzen
- [ ] Palmen
- [ ] Fabriken
- [ ] Gläser
- [ ] Busse
- [ ] Fische
- [ ] Müllsäcke

B Was ist richtig? Streiche die falschen Wörter durch.

1. **Der Club / ~~Kingas Lehrerin~~** heißt *Frau Julias*.
2. Goran sagt: „Ich spiele **Trommel / Schlagzeug**."
3. Man darf erst ab **16 / 18** DJ oder DJane in einem Club sein.
4. Kinga und Goran **springen / singen** zur Musik.
5. **Julia / Kinga** lernt Latein.
6. **Tom / Kinga** spielt bald Musik im Rathaus.
7. Julia, Kinga, Goran und Tom **haben schnell / sprechen lange über** einen Namen für ihre neue Gruppe.

Lösungen: **A:** Dosen, Münzen, Fabriken, Gläser, Fische; **B:** 1. Der Club / ~~Kingas Lehrerin~~; 2. ~~Trommel~~ / Schlagzeug; 3. ~~16~~ / 18; 4. springen / ~~singen~~; 5. ~~Julia~~ / Kinga; 6. ~~Tom~~ / Kinga; 7. ~~haben schnell~~ / sprechen lange über

5

Entdeckertour: Lieblingsorte

Bildnachweis

Cover, Inhalt Shutterstock (WinWin artlab), New York; **Cover** Getty Images (Paul Siepker), München; **4** Shutterstock (DashaKos); **5.1, 25.1** Getty Images (Kris Hoobaer); **5.2, 39.2** Getty Images (urbazon); **5.3, 47.1** Adobe Stock (Blickfang), Dublin; **5.4, 33.1** Getty Images (Gerard1610); **7** Getty Images (Nikada); **10.1, 38.4** 123RF.com (ruslangaliullin), Nidderau; **10.2** stock.adobe.com (Falko Göthel), Dublin; **10.3** Getty Images (Avatar_023); **10.4, 38.3** 123RF.com (serezniy); **10.5** Getty Images (Михаил Руденко); **10.6** Getty Images (Luis Alvarez); **10.7** Getty Images (nilsz); **10.8** Getty Images (Vagabondivan); **11.1** Getty Images (PeterPencil); **11.2, 11.3** Getty Images (sebastian coll); **17.1** Adobe Stock (EKH-Pictures); **17.2** Adobe Stock (Klaus Eppele); **17.3** Adobe Stock (DirkR); **18.1** Getty Images (sawaeng wonglakorn); **18.2** Getty Images (Sabine Wagner); **18.3** Getty Images (fhm); **18.4** Getty Images (photoschmidt); **18.5** stock.adobe.com (Markus Lechtenböhmer); **18.6** Getty Images (68beats); **18.7** Getty Images (mh-fotos); **18.8** Getty Images (LordRunar); **25.2** Shutterstock (Yarchyk); **25.3** Adobe Stock (Andreas); **26.1** Shutterstock (bbernard); **26.2** 123RF.com (mariasavenko); **26.3** 123RF.com (nucia); **26.4** 123RF.com (korarkar); **26.5** 123RF.com (studybos); **26.6** stock.adobe.com (rebaixfotografie); **26.7** Getty Images (DeanDrobot); **26.8** Getty Images (Lucia Gajdosikova); **33.2** Adobe Stock (Alfred); **33.3** 123RF.com (bjoernd); **34.1** 123RF.com (tonobalaguer); **34.2, 38.1** Getty Images (Jose Luis Pelaez Inc); **34.3, 38.6** 123RF.com (greentellect); **34.4, 38.2** Getty Images (Alexandre Morin-Laprise); **34.5, 38.5** Getty Images (THEPALMER); **34.6** Getty Images (LEREXIS); **34.7** 123RF.com (wytrazekpiotr); **34.8** Getty Images (libin jose); **39.1** Adobe Stock (Kara); **39.3** Getty Images (Fotogreenhorn); **40.1** Getty Images (DutchScenery); **40.2** 123RF.com (nomadsoul1); **40.3** Getty Images (staticnak1983); **40.4** 123RF.com (dolgachov); **40.5** Getty Images (Christian Horz); **40.6** Getty Images (dwphotos); **40.7** Getty Images (vlado85rs); **40.8** 123RF.com (4pmproduction); **47.2** Shutterstock (Christian Mueller); **47.3** Adobe Stock (Steffen)